J. J. GRINDA

REALIDADES HUMANAS

3ª edição

Tradução
Emérico da Gama

Conheça nossos clubes   Conheça nosso site

@editoraquadrante
@editoraquadrante
@quadranteeditora
Quadrante

QUADRANTE

São Paulo
2024

Título original
Fe y realidades humanas

Copyright © 1986 by Ediciones Palabra

Capa
Provazi Design

Dados Internacionais de Catalogação na Publicação (CIP)

Grinda, J. J.
 Fé e realidades humanas / J. J. Grinda; tradução de Emérico da Gama — 3ª ed. — São Paulo: Quadrante, 2024.

ISBN: 978-85-7465-593-2

1. Conceitos de Deus: fé I. Título

CDD-211

Índice para catálogo sistemático:
Fé : Cristianismo 211

Todos os direitos reservados a
QUADRANTE EDITORA
Rua Bernardo da Veiga, 47 - Tel.: 3873-2270
CEP 01252-020 - São Paulo - SP
www.quadrante.com.br / atendimento@quadrante.com.br

SUMÁRIO

A FÉ E AS PEQUENAS REALIDADES 5

A LIBERTAÇÃO DA ORDINARICE............. 31

O MEXERICÔMANO................................... 63

QUANDO OS GOLS SOBEM NO
    PLACAR 73

A MORAL E O TÊNIS................................... 81

PSICOLOGIA INFANTIL E CONFISSÃO.... 87

A FÉ E AS PEQUENAS REALIDADES

A seriedade que merecem as realidades humanas e a grandeza da fé não admite a superficialidade e a brincadeira. Não se tome como amostra do contrário o tom aparentemente ligeiro destas linhas. Se nos fizerem assomar o sorriso uma vez por outra, não se pense em chocarrice ir respeitosa para com respeitabilíssimas atitudes.

Não escrevo com o desejo de fazer rir. Se estas linhas têm alguma segunda intenção, é precisamente a inversa: fazer chorar... pela pouca seriedade com que às vezes se tratam essas duas questões: a luz da fé e as realidades humanas.

Realidades pequenas

É indubitável que nós, os cristãos, temos de percorrer um longo caminho até conseguir que todas as realidades humanas sejam vivificadas pela fé cristã. Mas, por mais longo que seja esse caminho, não podemos claudicar.

Não vou referir-me aqui às grandes realidades humanas, não porque despreze os problemas que levantam, mas exatamente pelo contrário: porque me preocupam muito. Centrar-me-ei em realidades temporais que podemos chamar «modestas»; em realidades pequenas ou mínimas, se se quiser, mas realidades ao fim e ao cabo.

Não quereria que, por não tratar agora dos grandes problemas humanos, alguém pensasse que tomo essas questões como fogo de palha ou que me move um tortuoso e avesso propósito «alienante». Se prefiro referir-me agora às realidades modestas, é com o propósito — talvez ingênuo, mas afetuoso — de ajudar a «desalienar» aqueles que, assediados por questões difíceis e árduas, vivem com os pés não sei exatamente onde, mas com certeza não na terra. Porque, como é que se hão de focalizar corretamente à luz da fé as grandes realidades temporais, se se focalizam e se vivem de modo torcido as pequenas e mínimas?

Estas linhas pretendem apenas ser propedêuticas ou, se se prefere, uma espécie de lição programada: comecemos por enfrentar a crua realidade dos pequenos problemas suscitados por uma infinidade de modestas realidades, e então sairemos vencedores num enfoque correto das grandes.

Mas, apesar de tudo, não será um propósito alienante dedicarmos a nossa atenção aos pequenos problemas? Ou, ao menos, não será algo que nos distraia dos grandes?

Como acabamos de ver, trata-se cabalmente do contrário: precisamente porque nos devem interessar, e muito, os grandes problemas da humanidade, a fim de os iluminarmos corretamente à luz da fé, é que devemos estar atentos aos pequenos, sem descorar aqueles.

E receio deveras que, se fracassarmos nas pequenas realidades da vida, também fracassemos nas grandes. Sou dos que pensam que a parábola dos talentos — quando Jesus afirma que *aquele que é fiel no pouco também é fiel no muito; e o que é infiel no pouco, também é infiel no muito* (Lc 16, 10) — não tem nada de alienante, mas exatamente o contrário: quem nos põe diante da realidade é Aquele que mais soube e sabe de realidades humanas e de como se deve enfrentá-las e vivificá-las à luz da fé.

Viajar num trem de subúrbio... E não se irritar

Um dos problemas da realidade cotidiana mais difíceis de iluminar à luz da fé — e que se podem apresentar com alguma frequência ao ser humano na sua condição carnal e numa situação existencial concreta — é viajar num trem de subúrbio.

Aqui é que eu queria ver como é que saem dessa os autores de gabinete que despacham num breve ensaio uma questão tão difícil como a de iluminar com a fé as realidades humanas. É fácil alinhavar num papel — que não oferece maior resistência — um punhado de pensamentos mais ou menos brilhantes; sobretudo se se pensa que desse modo se vai «abafar».

Mas esperar com paciência o trem que chega com atraso; não esmagar com o peso do corpo ou com o olhar o passageiro ou a passageira inoportunos; não se levantar com um grito irado quando o trem parou num lugar inesperado, e não parou naquele que pensávamos; suportar a canção desafinada ou a gritaria que um nutrido grupo de jovens sadios começa e recomeça com uma constância digna de melhor causa; responder com elegância à velhinha que nos perguntou sete vezes: «*Este* é o trem que vai para Barueri?», e que, com toda essa insistência, foi cavando pouco a pouco uma imensa dúvida no nosso interior... isso, isso é outra questão.

Mas poderia ser ainda pior: e se tivemos que guardar o lugar a uma senhora que, ao sair, garantiu com voz de sargento que «voltava já», e que não volta? E que acaba voltando quando nos encontramos mais assediados que Napoleão em Waterloo, acompanhada por um bom número de crianças a quem há que fazer lugar, queiramos ou não queiramos, e que trazem pássaros, tartarugas, hamsters ou avantajados pacotes de conteúdo incerto?

Nesses momentos, não bastam palavras e boa educação, que têm um limite.

A fé, contudo, não o tem, e somente ela é capaz de iluminar tão confusa situação e permitir-nos sair do sufoco.

Viajar num trem de subúrbio e não se chatear, deprimir ou angustiar, é praticamente impossível se não se tem fé. É superior às forças comuns e naturais de um homem; e a FEPASA, neste caso, pode triunfar e derrotar o passageiro pouco precavido ou com pouca vida de fé.

Mas a força da FEPASA, apesar de ser tanta, não é suficiente para aborrecer, deprimir ou angustiar um homem que, além das suas forças naturais, conta com a força sobrenatural da fé. O homem com fé pode resistir e mesmo superar — ainda que às vezes seja derrotado — uma circunstância tão difícil como essa de viajar num trem de subúrbio.

A fé não livra o cristão de apertos e dificuldades (pensar o contrário é uma deformação talvez antiga que reverdece em muitas atitudes modernas), mas dá-lhe uma coisa sumamente valiosa: o não se deixar derrotar por elas.

Quando descerem do trem de subúrbio duas pessoas que sofreram os mesmos percalços e desventuras, descerão duas pessoas igualmente maltratadas por uma determinada *estrutura*. Mas aquele que não viveu as exigências da fé sairá com a cara triste e abatida de quem desaproveitou uma ocasião concreta de se aproximar de Deus; e aquele que procurou viver as exigências da sua fé no trem de subúrbio, aquele que lutou por vencer a incomodidade, a suscetibilidade, a soberba, a ira e o egoísmo, levará, sim, um corpo um pouco esgotado, mas terá a cara alegre de quem soube enfrentar a realidade e meter nela — com a ajuda da graça — um pedaço de amor de Deus.

A vida, em geral — e não se veja nisto nenhuma «moral da história» —, é como uma viagem num trem de subúrbio: normalmente breve e apertada.

Na vida, como no trem de subúrbio — ou no ônibus, que grandes escolas! —, há gente que nos pisa os calos — a maioria das vezes sem querer e outras, poucas, querendo — e nos empurra.

Há paradas impensadas e o não chegarmos aonde esperávamos ou chegarmos aonde não esperávamos; dificuldades de todo tipo e desejos de gritar: «Não aguento mais!».

Nesses momentos, uma fé que se procura viver nos seus desdobramentos práticos nos dá a sua poderosa luz: o trem de subúrbio que tomamos todos os dias, com maior ou menor dificuldade, é a realidade concreta que podemos oferecer a Deus.

Aquele que for capaz de viver as exigências da fé num trem de subúrbio estará perfeitamente capacitado para vivê-las em qualquer outra circunstância, pequena ou grande. E quanto àquele que sucumbe ante as pequenas paixões que podem explodir num trem de subúrbio, é pouco provável que não venha a sucumbir ante as grandes paixões que os grandes problemas humanos costumam trazer consigo.

Uma prova decisiva: entrar numa fila

Se se quiser saber o grau de maturidade que um cristão alcançou na sua fé, basta acrescentar às perguntas arrevesadas dos testes de aptidão psicológica uma pergunta muito simples: «Como é que você se comporta quando entra numa fila?». E pode-se ter a certeza de que, se o comportamento do fiel cristão consultado for um comportamento decente, contamos com um cristão amadurecido.

Fazer fila e não perder a fé é difícil. Por «perder a fé» não quero dizer, evidentemente, que ficar fazendo fila seja uma possibilidade próxima de virarmos ateus, ainda que talvez algum ateu o seja por essa razão; quero dizer perder de vista a fé quando se está numa fila, isto é, perder a perspectiva sobrenatural na fila, ainda que momentaneamente.

Ter que ficar numa fila é também uma realidade temporal humana que pode e deve — claro que sim — ser iluminada pela fé. Mas com relativa frequência o cristão, dando mostras da imaturidade da sua fé, no momento em que entra na fila apaga a luz da fé e fica apenas com uma pobre visão exclusivamente humana. E uma fila vista exclusivamente do ponto de vista humano é algo desagradável.

Uma verdade muito importante é que a fé é um dom de Deus; e outra verdade, próxima desta, é que o único obstáculo para a fé é o pecado. Portanto, quando a fé fica obscurecida ou cambaleia — em maior ou menor grau —, é porque algum pecado anda pelo meio.

Quando se entra numa fila, por pouco que se olhe, podem-se descobrir quase todos os pecados capitais. Está presente a *soberba*, que se incomoda por ver-nos metidos em tão triste situação; a *inveja*, sobretudo se a fila for comprida; a *ira*, porque sempre há alguém que se mete na frente; a *preguiça*, porque talvez estejamos na fila porque deixamos as coisas para a última hora, por preguiça nossa ou alheia; a *luxúria*, de forma menos evidente, embora nunca se saiba...; a *avareza*, pela ânsia do que nos pode esperar no fim da fila; a *gula*, porque talvez por causa da fila estejamos perdendo a hora do almoço. E sobretudo está presente a fonte de muitíssimos pecados: a perda de tempo.

Já o ponto de vista da fé pode oferecer, mesmo a uma fila, aspectos muito superiores: essa situação nos torna humildes, porque, se fosse verdade o que às vezes pensamos, isto é, que somos iguais a Deus ou a espíritos puros, não nos veríamos em tais apertos.

Ter que fazer fila ajuda-nos a não ser emproados nem autossuficientes.

Pode fazer-nos compreender a nossa fraqueza, porque não deixa de ser vergonhoso que, por exemplo, um jovem cheio de vitalidade volte para casa e diga, como se viesse da guerra do Vietnã: «Acabo de matricular-me na Faculdade...», enquanto desmaia numa poltrona diante da TV.

Na fila, um homem que tenha fé e a viva nos seus desdobramentos, pode orar — ou ao menos dizer uma breve oração vocal ou rezar o terço sem dar nas vistas, com naturalidade. Pode mortificar-se e não organizar um berreiro se vê meter-se na frente dele uma velhinha astuta. Pode também fazer apostolado: falando com o do lado, dando um conselho a outro ou uma ajudazinha ao desesperado. Enfim, se quiser, pode desenvolver — porque Deus também está aí, dando-lhe a sua graça — todas as virtudes teologais e humanas. Mas, geralmente, o ter de fazer fila apanha os homens excessivamente preocupados consigo mesmos e muito pouco preocupados com Deus.

E aquele que se desleixa em viver as exigências da fé numa fila, deixando-se prender — com maior ou menor intensidade — nas malhas de algum dos pecados capitais, é bastante difícil que consiga sair-se bem noutros lugares e noutras situações, um pouco mais difíceis. Pode-se esperar que um cristão alcance maturidade noutra situação, se não sabe alcançá-la numa fila? Pode-se esperar um comportamento amadurecido na fé, em circunstâncias graves, daquele que não sabe comportar-se assim na consulta ao dentista ou na lista de espera de um aeroporto?

Mas você não sabe quem eu sou?

Aquele que despreza as pequenas realidades da vida corre o risco de não chegar a conhecer-se a si mesmo, nem sequer em grau mínimo. E quando alguém está desorientado a respeito de si mesmo, é muito fácil que não consiga orientar corretamente as diversas situações — sejam individuais, sociais ou históricas — em que se encontre.

Não nego que as grandes realidades humanas sejam maiores que as pequenas. E não o nego, entre outras coisas, porque não gosto de negar o senso comum. Mas peço respeito pelas pequenas realidades do dia a dia. Não as desprezemos, porque certamente será desprezarmos o nosso conhecimento de nós mesmos. Há muitas pessoas que, prestando atenção a essas modestas realidades, ainda que por uns instantes, alcançam um conhecimento certeiro e grandioso de si mesmas.

Durante séculos inteiros, muitíssimos homens sentiram martelar no seu cérebro a pergunta decisiva: «Que é o homem?». Ou, se se prefere uma linguagem existencial, mais em voga, muitos sentem hoje que a sua mente lhes pede uma resposta a estas perguntas: «Quem é o homem?», «Quem sou eu?».

São perguntas que muitíssimos fazem a si próprios, mas que uma grande maioria não deveria fazer, pois — pelo menos no seu inconsciente — parecem saber perfeitamente quem são.

É muito fácil verificá-lo. Basta que lhes impeçam a entrada num lugar aonde querem ir, ou que alguém lhes aplique uma multa ou os trate desconsiderada mente para que, com voz de trovão, vermelhos de raiva e de indignação, digam com cara de infinito desprezo e autossuficiência: «Você por acaso sabe quem eu sou?». E o outro emudece por uns instantes.

Suponhamos que o homem que se irrita é um sábio filósofo, que durante dias e anos, quando está sereno, anda investigando na busca dessa inquietante pergunta existencial: «Quem sou eu?». Como é que agora vem dizer-nos que sabe quem é?

Não importa que depois, quando cair em si, perceba de novo que não o sabe. É nos momentos-cume que se conhecem as pessoas; e acontece que nesse pequeno momento-cume da irritação o nosso filósofo sabe quem é! Ou, pelo menos, pensa que sabe.

«Você não sabe quem eu sou?». É aí, nesse preciso momento, que começa a funcionar um mecanismo muito humano: o emproamento. Esse pobre desgraçado que me impede a entrada não sabe quem eu sou. Este pobre imbecil não me reconheceu. A pergunta, lançada com ira e indignação, pretende esmagar aquele pobre verme que não nos reconheceu. Não reconheceu o quê? Não reconheceu a nossa tremenda importância: que somos não só um VIP, mas um personagem muito, muito importante, importantíssimo.

Faz muito bem o filósofo, quando lhe passa a irritação, em continuar no seu gabinete de trabalho à busca do que é o homem e de quem é ele mesmo. Faz muito bem, pois na verdade «entrou pelo cano»: exigiu de outro que soubesse quem ele era, quando, na verdade, nem ele mesmo sabe quem é.

No momento-cume adotou uns ares de deus ofendido. Você não sabe que eu sou um deus a quem se deve adorar, reconhecer e — é óbvio — deixar entrar? Você não sabe, sabe? Não; não sabe. Aquele pobre homem não sabe que tropeçou com um Júpiter tonitroante, que lança seus raios sobre a sua mísera pessoa.

Mas, ao fim e ao cabo, nem um nem outro sabem quem é aquele senhor. O máximo a que o pobre interlocutor pode chegar é a perguntar-se: Quem será? E o que detona a pergunta também não sabe quem é.

Julgou-se por um momento um deus, e não o é. Vestiu num instante todos os atributos da Natureza Divina, que não são os seus. Inflou-se. Nada de especial nem de novo; também os nossos primeiros pais, Adão e Eva, engoliram junto com a maçã essa tentação do emproamento e do demônio: *Sereis como deuses...* (cf. Gn 3, 5).

O ponto de partida de muitas reflexões «filosóficas» não está no trabalho do filósofo no seu gabinete. Reside antes numa questão de fato que podemos ver claramente desenhada no momento em que a pessoa se aborreceu: é que se julga, na prática, um deus. Daí para a frente, tudo se resume em fazer esforços sobre-humanos para chegar a essa conclusão através da doutrina e da teoria.

Quanta falsa doutrina se. tem cozinhado ao longo da história da humanidade, para que as pessoas se convencessem a si mesmas e aos outros de que é verdade a afirmação: «*Eu* sou, nada mais, nada menos, do que um deus». Quanta filosofia e teologia — da ruim, é claro — empenhada em poder dizer: *eureka* — achei —, e atroar não já um pobre homenzinho, mas toda a humanidade: «Você não sabe quem sou eu... eu, eu... EU?».

Duas condições para iluminar as realidades humanas

Se uma pessoa se deixa vencer pelo emproamento, que tão facilmente se pode observar olhando atentamente as pequenas realidades diárias, será quase impossível que focalize atinadamente à luz da fé os grandes problemas dos homens. Por uma simples razão: a arrogância emproada nos impede de olhar com fé qualquer coisa — seja grande ou pequena —, porque o emproamento arrogante é uma das coisas que destroem a visão de fé.

Por mais que se queira — com toda a boa intenção —, iluminar com a fé as realidades humanas, é coisa que não se poderá. Mais uma vez, por uma razão muito simples: não se terá fé ou se terá muito pouca. Parece evidente que, para iluminar com a fé as realidades humanas, são necessárias duas coisas, entre outras:

1. Estar na realidade (isto é, na verdade; não na mentira).

2. Ter fé.

Uma e outra podem perder-se na prática, pelo emproamento que nos vai separando por igual de ambas.

Enfrentar as realidades pequenas e modestas pode fazer-nos o imenso favor de conduzir-nos, pouco a pouco, a essas duas coisas tão valiosas: a realidade e a fé.

Se não lutarmos por iluminar com a fé, por vivificar com ela todas as realidades humanas, começando pelas que estão mais à mão — não nos aconteça como àquele bom homem que amava cordialmente toda a humanidade, com uma única exceção: a sua esposa —, será difícil que façamos a experiência inesquecível de que somos fracos: se nem podemos sequer iluminar com a fé uma viagem num trem de subúrbio ou a incomodidade de uma fila! E, por pouco que nos descuidemos, ficamos intratáveis!

Tiraremos da experiência real da nossa fraqueza a sabedoria de que, sem Deus, não podemos nada.

Mas os homens fracos e modestos — que aprenderam a sê-lo de tanto olhar primeiro as modestas realidades cotidianas, e que por isso sabem verdadeiramente o que são e têm fé —, esses poderão enfrentar com constância e alegria a imensa tarefa de que as coisas andem um pouco melhor no mundo.

Somente os homens que se sentem fracos e se sabem modestos é que estão em condições de iluminar com a fé as realidades humanas, sejam grandes ou pequenas: porque terão fé — a fé que Deus dá aos modestos e que os empertigados rejeitam — e porque vivem na realidade.

A LIBERTAÇÃO DA ORDINARICE

O leitor benévolo terá que desculpar-me se me proponho libertá-lo de alguma coisa.

O tema da libertação começa já a cansar tanto, que seria de desejar que alguém piedoso escrevesse um ensaio breve mas contundente sobre a libertação da libertação. Um amigo meu, muito drástico, colocou na sua porta um cartaz que dizia: «Não quero que ninguém me liberte.»

Tem as suas razões. O homem empenhado em libertar-nos a todo o custo — mesmo à custa da nossa liberdade —, está ficando tão chato que talvez esse gesto seco, mas claro, de bater-lhe com a porta na cara, possa dar resultado.

Garantida a liberdade do leitor para pular este capítulo ou, num gesto de nobre condescendência, dar uma vista de olhos aos seus últimos parágrafos, atrevo-me a propor-lhe este modesto tema de libertação: a nossa própria ordinarice.

Os «novos ordinários» e os homens da sarjeta

Algumas pessoas têm, pelo visto, muito má sorte. Os que em outros tempos nunca nos destacamos pela nossa requintada correção, urbanidade ou bons modos, nem fomos árbitros de elegância, voltamos agora à sarjeta, porque nos tempos de hoje também não conseguimos sobressair pela nossa ordinarice ou grosseria.

Antes não éramos suficientemente educados; agora não somos suficientemente grosseiros e malcriados. Antes não nos esforçávamos por aprender os últimos gestos da «boa educação», e éramos olhados com certa pena e desprezo; hoje também não conseguimos esforçar-nos por alcançar uma «imagem» aceitável de ordinarice, e somos novamente empurrados para a sarjeta.

Talvez a culpa do nosso fracasso esteja em que, realmente, andar de acordo com a última moda nunca foi coisa que nos tirasse o sono; e agora pagamos com toda a justiça o preço do nosso terrível desacato.

Também pode acontecer que haja um ponto de comodismo: algumas das antigas regras da boa educação, atualmente pulverizada, pareciam-nos tão difíceis de cumprir como as atuais regras da grosseria ou da ordinarice.

Mas é preciso dizer, para não deprimir ainda mais os companheiros de sarjeta, que *este* pode ser o nosso momento. Precisamente agora, que carregamos sobre as costas a experiência passada de não termos sobressaído pela nossa requintada educação, e a experiência atual de não sobressairmos pela nossa dedicação conscienciosa à ordinarice, chegou a nossa hora: a hora de corrermos para salvar um mínimo de educação e correção, por um lado, e por outro um mínimo de liberdade.

Companheiros de sarjeta: animai--vos! Já podemos falar claramente: os que antes nos acossavam com os seus mil e um convencionalismos sociais continuam agora a acossar-nos com os mesmos mil — ou mais — anticonvencionalismos. Em aras da liberdade: enfrentemos o opressor mal-educado, ordinário, grosseiro e soez!

Sorriamos.

Cedamos passagem. Deixemos o meio-fio, ainda que estejamos andando pela direita.

Cuidemos da nossa linguagem, que sempre nos dará menos trabalho do que aos «novos ordinários» o de se porem em dia com as gírias grosseiras mais recentes.

Sejamos audazes e valentes: atrevamo-nos a ir vestidos com singela correção; além do mais, poupar-nos-á o sem-fim de esforços que fazem os «novos ordinários» para conseguirem andar segundo o último grito da moda, escravizados e alienados pelo terrível medo de não serem aceitos como suficientemente «atualizados em ordinarice».

Cedamos o nosso lugar no ônibus à velhinha que cambaleia entre o «ser ou não ser» de agarrar-se à alta barra ou tirar os pés do chão.

Vigiemos os nossos gritos, vozes e batidas de porta.

Tenhamos valor suficiente para chegar pontualmente aos encontros marcados e não fazer esperar os que nos esperam.

Fora com os complexos! Não é necessário nem sequer sorrir àquele que nos polui os ouvidos com a clássica piada de mau gosto (é capaz, coitado, de chegar até a pensar que tem graça). Deixemos com a palavra na boca aquele que, nunca melhor dito, prostitui a palavra.

Atrevamo-nos a rasgar — como prova de maturidade e de termos passado a idade do pavão —, diante do seu próprio nariz, a publicação que nos oferece o macaco de turno com os trejeitos quase típicos do obnubilado mental, praticante assíduo da libertação sexual. Libertemo-lo, uma vez na sua vida, ao menos do mau gosto, e digamos-lhe com delicadeza que nem sequer os animais precisam de revistas, vídeos ou filmes para a sua própria «libertação».

Um passo mais, amigos da sarjeta.

Oponhamo-nos e desmascaremos o império da sordidez, a sociedade de consumo da idiotice, a nova burguesia da ordinarice...

Uma forma modesta e libérrima de opor-se é não dar nem um tostão ao opressor.

Informemo-nos antes de ler, antes de comprar, antes de pagar qualquer entrada.

Vacinemo-nos contra o lugar-comum de pensar que essas medidas têm alguma coisa que ver com obscurantismos.

A prudência nas leituras, na assistência a espetáculos ou no cuidado com que se levam revistas para casa, ainda que não se tenham crianças — cautela aliás ineficaz, porque as crianças costumam ser levadas, ainda que não o queiram, de casa em casa, e sempre tendem a xeretear, mais do que nada porque se aborrecem mortalmente —, é exatamente o contrário da escuridão: é luz, para poder ver o lixo que poderíamos meter dentro de nós ou no próprio lar.

Demos provas de espírito liberal e, quando por esse grande meio e nobre invento da TV se infiltra o tirano de turno que nos quer obrigar a olhar pelo buraco da fechadura, como se fôssemos uns velhos sem-vergonhas, apaguemos o televisor — porque ser liberal e defender a liberdade é exatamente isso.

A revolução da boa educação

Amigos da sarjeta, estamos de parabéns!

Podemos-nunca como agora-tratar de conseguir que os bons modos, a boa educação, o bom gosto, a correção e a delicadeza não só não sejam nada «formalistas», mas autenticamente revolucionários.

A urbanidade opressiva de alguns velhos convencionalismos sociais caiu em mãos precisamente dos novos anticonvencionalistas. Deixemos que corram atrás da ordinarice porque é a «nova onda».

Que desmaiem — como as mocinhas anêmicas do século passado — diante do «último grito».

Que em suas bocas não caiba nem mais uma vírgula no meio da selva de palavrões e grosserias — que no irmão caminhoneiro até podem ficar bem, mas que na filha de mamãe ou na própria mamãe significam uma lamentável falta de identidade.

E não se diga que nos «clássicos» há abundância de exemplos desses; nos clássicos aparecem como o sal que desaparece para dar bom gosto à comida. Como seria fácil a muitos Napoleões da escrita conquistarem a Europa se se tratasse apenas de copiar o clássico chapéu ou a mão oculta no capote!

Que a sua vaidade os faça tremer de medo para não ficarem mal diante do coro de vozes autorizadas e dos duríssimos examinadores da «progressia».

Que cresça o seu progressivo adoidamento, ou façam o que lhes dê na telha — e sem um espelho para a sua vaidade nem ninguém para assustar-se ou escandalizar-se, que sobraria deles? —, porque temos que dedicar-nos seriamente a iniciar, entre outras, a revolução da boa educação, que exige o nosso maior esforço e concentração.

Como se pode tentar essa revolução? Penso que é preciso alcançar dois objetivos:

1. Começá-la na própria casa ou família.

2. Descobrir o sentido cristão da boa educação.

A revolução em casa

A revolução da boa educação não pode ser feita hipocritamente.

Deve começar pela própria casa ou família, não nos aconteça como a alguns — reparemos por alto em certos líderes feministas ou divorcistas —, que saem pela porta de casa a caminho da revolução porque não há ninguém que os aguente lá dentro.

Não podemos ser revolucionários de duas caras: muito bem educados com os de fora e muito mal educados com os de casa. Se não queremos ser revolucionários hipócritas, temos de procurar que não se diga de nós:

— Fora de casa: «Que simpático, que amável, que bem educado, que gentil! Como se está bem com ele...».

— Dentro de casa: «Que chato, que desconsiderado, que mal educado, que antipático, aborrecido e desagradável! Não há quem consiga aguentá-lo...».

Estaremos perante um caso de dupla personalidade? Perante um portador de peculiares cromossomas ou complexos, de traumas infantis? Não é provável. Quase com certeza estaremos perante um simples e frequente caso de revolucionário fracassado e hipócrita: aquele que sonha com as palavras mais revolucionárias que jamais foram ditas — *Amarás o próximo como a ti mesmo* (cf. Mt 22, 39) —, mas que, à diferença de Jesus Cristo, não é capaz de vivê-las nem sequer com o próximo geralmente mais próximo: aquele que está a nosso lado sob o mesmo teto.

O Evangelho nunca nos anima a fazer tolices ou extravagâncias: se nos recomenda que ofereçamos a outra face quando alguém nos esbofeteia, parece-me que não é tanto para que copiemos o gesto ao pé da letra, mas para anunciar-nos com realismo que é preciso procurar amar precisamente aquele que nos esbofeteia. E não costuma ser frequente que um ocidental residente em qualquer cidade europeia seja esbofeteado por um hindu que vive na sua casinha na margem do Ganges.

Um habitante de Ourinhos tem muito mais possibilidades de ser maltratado por outro habitante de Ourinhos do que por um do Paquistão. Ou, continuando na mesma linha de pensamento, um morador do Braz ou da Vila Carrão tem mais possibilidades de ser esbofeteado por outro morador do mesmo bairro do que por um da Freguesia do Ó. E a quem mora na rua Topázio, quem vai tirar-lhe o lugar para estacionar senão outro habitante mais astuto da mesma rua?

Do mesmo modo, se se mora — já mais concretamente — na rua Topázio, nº 14, 3º andar, apartamento 303, as probabilidades de sermos esbofeteados vão aumentando progressivamente: em primeiro lugar, por outro morador do n.º 14, que segura o elevador mantendo a porta aberta despreocupadamente — ou será que é com toda a má intenção? —; em segundo lugar, por outro morador do 3.º andar que, precisamente quando estamos a ponto de vencer a insónia, liga os anúncios da televisão — justamente os anúncios — no máximo do volume; e de quem podemos vingar-nos na manhã seguinte, porque nos levantamos mais cedo, pondo Puccini no máximo volume ou, o que é ainda mais cruel, cantando nós mesmos Puccini.

Finalmente, as possibilidades atingem a sua cota máxima dentro do próprio apartamento 303. Aí dentro, no 303, que é a nossa própria casa, há que começar a revolução da boa educação.

Mas seria ridículo e contraproducente fazer do lar uma sala de visitas ou um lugar para andar na ponta dos pés. Trata-se de encontrar no próprio lar o único fundamento forte e não formalista da boa educação: o amor.

Por que é tão frequente que na rua Topázio, nº 14, apto. 303, possam nascer talvez os rancores mais profundos que podemos imaginar? Precisamente pelo fracasso de não lutarmos por criar o amor equivalentemente profundo a que estão destinados os apartamentos 303, 302 ou 301. E porque aí está o próximo tal como é.

É fácil sonhar com um próximo ideal, efêmero e circunstancial, que na realidade não existe; que na realidade não é próximo, porque não há nenhum próximo — ao menos desde o pecado original — que seja o somatório das virtudes e a ausência total de defeitos.

O próximo real caracteriza-se por aborrecer-nos frequentemente com pequenezes, umas vezes sem querer, e outras querendo.

É o que nos tira o jornal ou a cadeira.

É o que grita e bate com a porta por qualquer bobagem, e permanece afundado na sua leitura quando mais tínhamos vontade de contar aquela última aventura apaixonante que aconteceu conosco hoje.

O próximo é aquele que liga um novo barbeador elétrico que faz desaparecer a imagem da televisão justamente na prorrogação da final da Copa do Mundo.

Quem há de ser senão o próximo aquele que faz uma sangrenta cara de triunfo quando nos derrotou no xadrez, no baralho ou numa discussão?

Não costuma ser o próximo aquele que avança pelo corredor com um grosso dicionário ou uma enciclopédia na mão, para nos dar o golpe mortal, ao menos moral, mostrando que estávamos lamentavelmente errados sobre a cifra de habitantes do Daomé?

Não é por acaso o próximo quem nos recorda, afiadamente, quando ainda estamos mergulhados na depressão de um recente fracasso: «Eu não lhe disse?», «Bem que eu lhe avisei...»?

Não tem o próximo um secreto e misterioso prazer em levar-nos a contrária, em procurar aborrecer-nos, mesmo que seja de leve, e a esperar, sobretudo, que percebamos que nos está aborrecendo ou nos olha com indiferença?

E não é verdade que nós, que também não somos para menos, correspondemos ao próximo da mesma maneira?

Como é difícil sermos bem educados com o próximo real! Aquele que está ao nosso lado. Aquele que nos acompanha com um olhar igualmente sonâmbulo todas as segundas-feiras pela manhã. Com quem nos encontramos todos os dias.

Uma boa educação meramente formalista sucumbe.

Se a revolução da boa educação deve ser começada primeiro em casa e na própria família, deve-se reconhecer a sua dificuldade e, eu quase diria, a sua impossibilidade se não se descobre o sentido cristão da boa educação.

Faz-nos falta toda a força da Fé, da Esperança e da Caridade sobrenatural, que nos chega pela Graça, e os sete dons do Espírito Santo, um atrás do outro, para cumprirmos com o mínimo dos requisitos de toda a boa educação: pedir perdão ao próximo quando o ofendemos e perdoá-lo de verdade quando nos ofende.

Um requisito mínimo de boa educação que, por outro lado, é condição indispensável para entrarmos no Reino dos Céus, aonde dificilmente chegaríamos se não procurássemos com frequência o perdão de Deus.

O sentido cristão da boa educação

É preciso procurarmos ser compreensivos com aqueles que nos aturdem e às vezes nos irritam com a sua ordinarice e grosseria.

Uma das coisas que transparecem nessa conduta é um profundo cansaço vital. Pode-se entrever que, por debaixo dos gritos, da má educação, da desvergonha que se alardeia, da falta de amabilidade e correção, palpita — com maior ou menor convicção — esta atitude que se poderia qualificar como herética à luz da fé cristã: «a vida é um nojo».

A fé cristã afirma decididamente que a vida merece ser vivida com entusiasmo, porque toda a vida humana é manifestação do Amor de Deus. Qualquer vida humana tem de ser resplandecente, se soubermos vê-la, pela fé, tal como é.

A ordinarice como comportamento pode ser um pequeno sintoma de se estar pensando que viver não vale a pena; de se ter perdido, ou nunca se ter alcançado, o profundo sentido positivo da vida. Quando se aprofunda nisso, a vida surge como uma fonte de energia capaz de nos fazer sorrir inclusive a quem nos pisa os calos, nos empurra ou nos tira o lugar no ônibus.

O que normalmente se pensa — e deve-se reconhecer que com bastante razão, se falta fé — é isto: como conseguir um sentido positivo e resplandecente da vida, se está sulcada pela dor, grande ou pequena, pelo sofrimento, pela angústia, pela ansiedade ou pelos pequenos mas infinitos e contínuos contratempos do viver cotidiano?

Pensa-se frequentemente — por deformação — que a resposta cristã perante a dor, o sofrimento, o fracasso ou as pisadelas do próximo é: resignação ou aceitação com gesto dolorido. Mas a resposta cristã perante a dor vai mais longe: chega até a descoberta do seu grande valor e real sentido.

O sentido último da vida não é a dor; é o amor. Mas o amor profundo e, por conseguinte, esse sentido resplandecente da vida que o acompanha, consegue-se precisamente através da descoberta do sentido da dor. O homem ordinário não sabe amar, é radicalmente um homem sem amor —

desamorado — porque não sabe encontrar o sentido da dor.

Para um cristão, «dor» significa «valor de Redenção». Jesus Cristo, que é o único caminho para abrir a porta a esse sentido resplandecente da vida, abriu-a com a sua Paixão, Morte e Ressurreição. Jesus Cristo sofreu para que todos os homens alcançassem de novo a amizade com Deus. Qualquer cristão pode descobrir — uma vez aberta a porta por Cristo — que a *sua dor*, grande ou pequena, pode também alcançar um valor de Redenção; isto é, que pode amar com a sua dor e na sua dor.

Pode parecer que nos perdemos nas alturas, mas, se soubermos perscrutar os sinais dos tempos, podemos descobrir que a conduta ordinária perante a vida e pela vida é pregoeira de:

1. Falta de entusiasmo pela vida.

2. Um coração dolorido, paradoxalmente, pelo fracasso de não ter encontrado um sentido para a dor.

3. A ausência — lógica — de qualquer interesse em tornar a vida agradável aos que nos rodeiam e a presença de uma tentativa — quase infantil — de implicar com o próximo tanto quanto possível.

O sentido cristão da boa educação, ao menos como valor mínimo da virtude sobrenatural da caridade — já que, muitas vezes, se formos realistas, talvez seja o único pequeno nível que podemos começar a alcançar —, está em descobrir a pedra de toque, verdadeira pedra angular, do sentido cristão da vida: a Cruz de Cristo.

Somente através dela — paradoxo sobrenatural do cristianismo — se alcança o sentido resplandecente de toda a vida humana: a própria e a dos outros, a começar, como víamos, pelos mais próximos.

E então, como poderemos deprimir-nos por encontrar a Cruz, se é precisamente ela que nos vai abrindo a possibilidade de nos aproximarmos desse sentido resplandecente da vida, onde se pode superar inclusive o cansaço vital?

Amando a Cruz de Cristo, teremos entusiasmo para viver, e o manifestaremos cuidando dos pequenos detalhes da convivência diária, ainda que nos custe, e procurando agradar ao próximo.

«Essa frase feliz, a piada que não te escapou da boca, o sorriso amável para quem te incomoda, aquele silêncio ante a acusação injusta, a tua conversa afável com os maçantes e os inoportunos, o não dar importância cada dia a um pormenor ou outro, aborrecido e impertinente, das pessoas que convivem contigo... Isto, com perseverança, é que é sólida mortificação interior» (J. Escrivá, *Caminho*, n. 173). Isto é, verdadeiro autodomínio e amor à Cruz de Cristo.

O próximo, o inefável próximo que nos acompanha em casa, na rua, no escritório, na aula ou na oficina, vê-lo-emos como uma magnífica e real oportunidade de vivermos o mandamento *novo* da caridade. Ou ao menos descobriremos — quando esse próximo se tornar insuportável, como costuma ser usual e frequente — que são poucas as nossas forças, e essa descoberta será ajuda imprescindível para crescermos em humildade.

Como libertar-se da ordinarice

Para um cristão, a boa educação não é questão de viver umas fórmulas. Pode ser um meio humano magnífico de exercitar-se no autodomínio e no amor, porque encontrará na luz e na força da fé a energia suficiente — que nasce da graça redentora de Cristo — para olhar o próximo, todo ele, com respeito e simpatia; porque «este» próximo, precisamente o aborrecido, o impertinente, o chato — às vezes profundamente chato —, *vale todo o sangue de Cristo.*

Para nos manifestarmos na convivência diária com bons modos e boas maneiras, é necessário que vejamos a vida cotidiana com apaixonado entusiasmo; que tenhamos uma visão positiva — visão cristã — da vida.

E como é difícil, para o homem de hoje, sair à rua não só com certo otimismo, mas ao menos não cegado pelo pessimismo. Ao esmagado, ao queixoso, ao que tem o coração cheio de cardos e urtigas — respeitemos aquele que tem simplesmente o fígado estragado —, não lhe peçamos boa educação nem bons modos, como não podemos pedir ac coxo que se anime a dar um bom salto em altura.

O «vá para o inferno» é manifestação lógica daquele que não sabe vencer o seu cansaço vital, porque carece de fé. E haverá outro meio, fora da fé e do amor a Deus, de sermos amáveis com o próximo que, ao pisar-nos, ao ferir-nos, ao irritar-nos, é a «gota de água» que faz transbordar a taça da nossa paciência? Não há. Sem fé e amor a Deus, é lógica a ordinarice em todos os níveis (incluído, como é natural, o nível da ordinarice mais grave: aquela que podemos mostrar com Deus e com as obras de Deus — a liturgia, os sacramentos etc.).

Caminhar ordinária e grosseiramente pela vida não significa senão a derrota e o fracasso próprios daquele que está arrochado e escravizado pelo seu egoísmo. A libertação da ordinarice só é possível quando se enxerga para além do nariz, do gosto pessoal e do capricho; para além do medo que quer contagiar os outros à base de gritos. Só se atinge essa libertação quando se sabe olhar para Deus — mesmo que vacilantemente —, no meio da bruma cotidiana.

E então se entrevê que o próximo é outro aventureiro como nós, que tem o direito — em justiça — de ser tratado amavelmente pelo respeito que se deve a todo o ser humano e que, acima da justiça, deve ser olhado com amor e com carinho por ser tão filho de Deus como nós; ainda que muitas vezes nos custe reconhecê-lo pela cara suja com que costuma apresentar-se, ou antes pelo nosso olhar míope que necessita de uma maior perspectiva sobrenatural.

O MEXERICÔMANO

Não duvido de que a poluição atmosférica é um dos maiores males dos nossos dias. Sinto-me preocupado sempre que ouço um desses boletins sobre o ar contaminado das grandes cidades. A poluição atmosférica é um mal progressivo que vai ampliando a sua zona de influência, e muitas cidades foram criando variados sistemas para proteger o humano dessa contaminação. Aplausos à luta contra a poluição atmosférica.

Aplaudiria também uma luta contra a poluição «xereta», contra o mexerico, sobretudo contra o pequeno mexerico. Todos temos de empenhar-nos nessa luta, e além disso está ao nosso alcance.

O mexerico é como a droga. Se se começa a consumi-lo, corre-se o risco de ficar «viciado em mexerico», e de chegar quase à convulsão se não se tem um bom para levar à boca ou ao ouvido. Em todos os tempos houve viciados em drogas, mas agora parece que há uma inflação. Os tempos que correm são também de inflação do mexerico.

«Sabe o que me disseram?...»

«Sabe o que me disseram?...». «Aposto que não sabe que...».

Todos estamos persuadidos, ao menos em teoria, de que não se deve murmurar. Não escrevo estas linhas com ânimo de atacar o feio vício da murmuração. Só quero fazer fincapé no perigo de nos deixarmos levar pela droga da bisbilhotice.

O viciado em mexerico tem todos os sintomas de um drogado. Não pode viver sem a droga; procura-a afanosamente, e sobretudo deixa-se escravizar por ela. Tem uma dependência quase total e absoluta. De manhã, sai à rua com a esperança de encontrar um pouco de mexerico. Às vezes, o jornal ou alguma revista semanal pode dar-lhe umas doses, mas quase sempre não o satisfazem plenamente. Sempre há a possibilidade de encontrar alguém que tenha um bom estoque e pedir-lhe, com olhos brilhantes, que lhe dê um pouco.

Pouco a pouco, uma atmosfera muito mais invisível que a da poluição ou a da cocaína, vai envolvendo o futuro viciado em mexerico. O viciado em drogas procura e vê na droga a solução para todos os seus problemas. O viciado em mexerico vê no «Você nem sabe da última...» ou no «Ontem Fulano me garantiu que...» o único conteúdo de importância com que preencher a sua vida.

E pouco a pouco, assim como no cocainômano a cocaína vai galgando postos e ocupando mais lugar, no .mexericômano» o mexerico vai tomando conta da sua vida. Se não reage, cairá na «mexericomania», da qual é muito difícil sair. Na inteligência vão-se acumulando mexericos e mais mexericos. Espera-se apenas conhecer cada vez mais e cada vez melhores; quase se mataria para conseguir um bom mexerico por estrear ou para poder lançar um verdadeiramente picante.

Ajudar o mexericômano

É preciso lutar contra a inclinação humana para a droga e para o mexerico.

Nem todos somos policiais, e a luta contra a cocaína escapa com certeza das nossas mãos. A luta contra o mexerico, não.

Atalhemos o mexericômano que todos trazemos dentro. Pensemos que nos empequenece e nos afoga a vida. Que, apesar do seu brilhantismo aparente e do seu sabor, o mexerico sempre esteriliza. Pode afundar o vizinho, mas também nos afunda a nós. Oxalá cortemos essa interminável cadeia que repete de ouvido em ouvido: «Sabe o que me disseram? ...». Esqueçamos os mexericômanos; não lhes demos importância; não nos deixemos envolver. Ao «Sabe o que me disseram ... ?», oxalá respondêssemos: «Nem sei nem me faz falta».

Mas não podemos deixar o pobre mexericômano abandonado à sua sorte. É preciso ajudá-lo. Se, afinal de contas, pessoas sábias e honoráveis se empenham na organização da luta contra o álcool — e às vezes nem uma pinga que está mais para desinfetante é tão perigosa como a mexericomania —, por que não fazemos alguma coisa contra o mexerico?

Uma maneira boa de lutar contra ele poderia ser esta: não tanto arremeter contra os que o soltam à deriva, mas fazer o propósito de não passá-lo adiante e assim interromper a cadeia.

A melhor maneira de ajudar o mexericômano é que, com o esforço de cada um, vamos diminuindo a densidade dessa fumaça que nos afoga.

Indubitavelmente a paz será conseguida se os aviões não lançarem bombas, se cessarem os bombardeios e as matanças. Mas nem todos podemos ter o nobre gesto de dizer que nos recusamos a subir em um B-52 porque não queremos lançar bombas contra os nossos semelhantes.

Mas todos temos um pequeno machado de guerra que podemos guardar como peça de museu ou, pelo contrário, levar à rua, ao trabalho ou à sala de jantar da família, dispostos a acometer o primeiro que se aproxime de nós. Todos trazemos também um pequeno aguilhão que, ao menor descuido, podemos enterrar nas costas do vizinho.

Gestos como esses — não desempoeirar o machado de guerra, não mergulhar o nosso aguilhão no vizinho —, esses estão ao nosso alcance. Certamente não sairão nas crônicas dos matutinos nem no Jornal Nacional; mas tenhamos a certeza de que, se a paz é possível, é porque esses heróis anônimos não desenterraram o seu machado de guerra ou deixaram o aguilhão onde estava.

O mexerico é um inimigo da paz e o mexerico sempre fere. Estou quase convencido de que Caim, antes de liquidar Abel, começou a murmurar dele e a lançar mexericos. Escritores perspicazes como Shakespeare e Lope de Vega montaram sobre o mexerico as suas melhores comédias e tragédias. Não há nada como ler obras eternas para perceber a maldade e o vazio do mexerico. E se o mexerico é um vazio e uma pessoa está cheia apenas de mexericos e vive deles, a conclusão é fácil de tirar: a vida se afogará no vazio.

Que ninguém tire ao cocainômano ou ao mexericômano os bons momentos que passaram e quanto se divertiram! Nisso precisamente está o mal: que não há ninguém que lhos tire, a não ser que se tenha curado a tempo. Essa inclinação para o mexerico — para lançá-lo ou para viver dele — indica quase a mesma coisa que a inclinação para a droga: a ausência de uma vida de intimidade com Deus.

QUANDO OS GOLS SOBEM NO PLACAR

Um jornal esportivo publicava recentemente a declaração de um conhecido goleiro que acabava de levar um «frango» num momento decisivo para a sorte do jogo: «Levei o gol porque o centroavante adversário errou na jogada. Tinha que ter chutado para o ponta-direita, mas errou e marcou o gol.»

Ânsia de desculpar-se

A ânsia de desculpar-se chegou, na história dos homens, a alturas insuspeitadas. Quando acontece algo de errado, são poucos os valentes capazes de dizer: «A culpa foi minha». Quando acontece uma coisa boa, são infinitas, pelo contrário, as vozes que se levantam e gritam: «Fui eu»; «Foi por minha causa»; «Ah, se eu não estivesse lá!».

Talvez porque os jogadores são gente clara e simples, que diz o que pensa, essa declaração do goleiro bem poderia passar para uma antologia da desculpa. Analise-se friamente a declaração:

— 1.ª parte: A culpa do gol não a tenho eu, evidentemente (isto é bastante frequente, como acabamos de ver, e não acrescenta nada ao que todos sabemos).

— 2.ª parte: Quem tem a culpa do gol é o centroavante... (nada a objetar; o próprio autor do gol poria cara de satisfação); mas o centroavante tem a culpa não por ser bom, mas porque é ruim, porque falhou.

Ou seja, para nos defendermos de ter levado um gol, temos que salvar-nos à custa de condenar alguém.

Também não é caso para nos escandalizarmos demasiado. Seria quase um impossível que o goleiro tivesse dito: «O gol que levei foi por falha minha. Não há dúvida de que o chute do centroavante foi um pouco imprevisto, mas a verdade é que me pagam para agarrar o que dá para prever e para fazer o possível quando não dá. Realmente, se o centroavante marcou, foi em parte por sorte, e em parte porque chutou e me apanhou um pouco desprevenido».

Mas os goleiros são humanos, e é muito humano enredar-se na tentação de converter em falha do outro o que é falha nossa.

O fácil e o difícil

No meu modo de ver, a declaração citada serve para confirmar quatro regras muito gerais da atuação humana:

— 1.ª — Dificuldade em admitir as próprias falhas e erros.

— 2.ª — Facilidade para admitir e ver as falhas dos outros.

— 3.ª — Dificuldade em admitir os êxitos dos outros.

— 4.ª — Facilidade para admitir os êxitos próprios.

É sabido que o homem tem uma secreta compulsão para atribuir-se o fácil e apagar o difícil. Portanto, desaparecerão da cabeça, rapidamente, as regras 1.ª e 3.ª, e ficarão apenas a

2.ª e a 4.ª. Será *fácil* autoconvencer-se de que, sempre que há um êxito, é coisa nossa e, se há um malogro, é coisa de outro. E será muito *difícil* — porque se apagou — reconhecer os próprios fracassos e os êxitos dos outros.

Converter em falha do centroavante o que foi uma falha do goleiro pode ser bastante inofensivo, talvez razoável e até, quem sabe, objetivo. Converter numa falha de Deus o que é uma falha do homem já não é inofensivo; e de objetivo não tem nada, a não ser a cabeçada que podemos dar se continuarmos a pensar assim. E é essa desculpa que se vai fixando na mente humana quando se pensa, na prática, mais ou menos, que Deus deu um «fora» ao fazer os mandamentos.

É claro que, às vezes, pode ser mais *fácil* pensar assim, porque dessa maneira não temos culpados gols que tomamos. Não fomos nós que erramos, foi Deus. E de passagem poupamos a *dificuldade* de confessar-nos. O mau do assunto é o placar, que é inamovível apesar das nossas objeções e das nossas explicações. E são 2 a 0, assim fica para a história e para a eternidade, se não se tenta enfrentar o placar adverso enquanto dura o jogo.

Bem sei que é *difícil* dizer: «Fui eu que falhei». Mas é um dos caminhos que nós, os homens, temos para sair do sufoco: porque é aproximar-se da verdade e abandonar a mentira. Ainda que seja difícil, vale a pena, porque, à medida que formos admitindo os nossos malogros (regra 1.º , iremos admitindo também os êxitos dos outros (regra 3.º . E não nos custará admitir de verdade o «êxito» de Deus.

Confissão sacramental

Abeirar-se do sacramento da Confissão é abeirar-se dessa dupla verdade:

— Que fracassamos com frequência.

— Que o Sacrifício Redentor de Jesus Cristo continua a ter «êxito».

Que não se reconheça o êxito de Deus na Confissão parece ser um dos objetivos principais do príncipe da inveja e da mentira. E outro objetivo, que sempre acompanha o anterior, é que os homens não queiram reconhecer de verdade as suas próprias falhas.

Só Deus é bom (cf. Lc 18, 19). Por que nos empenhamos tanto em querer dizer, com soberba, que «só eu sou bom»? Por que somos tão ingênuos ao ponto de pensar: «A mim, ninguém me mete um gol»?

É o amor desordenado da nossa própria excelência que nos cega, diziam os escritores clássicos de espiritualidade. Talvez valha a pena folheá-los vez por outra ou, ao menos, correr os olhos de vez em quando pelo *Placar* ou pela *Gazeta Esportiva*.

A MORAL E O TÊNIS

Estou quase convencido de que os partidários da moral subjetiva* não são fãs do tênis, nem de jogar nem de assistir.

Esta afirmação — que estou disposto a provar cientificamente, com estatísticas, percentagens e o resto — tem mais importância do que parece. Não vou arrasar o leitor — aqui e agora —

(*) O autor refere-se à ideia, hoje espalhada em certos meios, de que a bondade ou maldade dos atos humanos deve ser julgada, não em função dos critérios objetivos de moralidade — lei de Deus e lei natural —, mas por cada pessoa de acordo com as suas próprias opiniões ou sentimentos (N. do T.).

com números, índices e gráficos, mas pode tomar esta opinião como praticamente certa.

Como em todas as grandes descobertas, tive a primeira intuição do assunto de um modo casual.

Sim, estava precisamente debaixo de uma árvore; mas não se alarme ninguém porque não me caiu maçã nenhuma. Estava debaixo de uma árvore e acima, de um campo de tênis. À direita, um jogador; à esquerda, outro. Eu como único espectador.

O da direita lançou um saque terrível, que entrou perfeitamente no espaço regulamentar. O da esquerda nem teve tempo de entrar com a raquete, mas teve tempo de dizer: «Fora! Foi fora!».

O da direita voltou a sacar — um pouco abespinhado —, mas com muito menos força. O da esquerda respondeu-lhe com um golpe fortíssimo, cruzado, mas que lamentavelmente caiu um pouco fora da quadra. «Dentro!», gritou imediatamente.

O pior do caso é que o da esquerda era meu amigo. O da direita veio até mim em busca de ajuda, como se eu fosse o próprio Salomão. Lembrei-me daquilo de que «amigo de Platão, mas mais amigo da verdade» e, quase sem olhar para o meu amigo, disse-lhe: «Quando você disse "fora" foi dentro, e quando você disse "dentro" foi fora».

— Impossível — gritou o meu amigo.

— Por que impossível? — respondi-lhe.

— Porque eu vi que o saque da direita foi fora e vi que a minha devolução foi dentro. Foi dentro! — repetiu.

— Você viu completamente fora o que foi completamente dentro e viu dentro o que foi completamente fora?

Sim! — repetiu com total convicção.

Sinceramente enganado

O grave não era que o meu amigo estivesse mentindo ou pretendesse enganar-nos. O grave era que o meu amigo era sincero.

Quase todos os tenistas são sinceros quando dizem «dentro!», ainda que tenha sido fora (ao menos, vá lá, em 87,5% das vezes), e o mesmo quando dizem «fora!» (outros 87,5% das vezes). O mau é que a sua sinceridade os engana e, curiosamente, veem as bolas dentro ou fora conforme lhes convém vê-las dentro ou fora.

A nossa própria consciência, sozinha, pode enganar-se.

Algumas morais e éticas subjetivistas parecem fazer esforços quase titânicos — como os que fazia o meu amigo — para nos convencerem de que o que está fora (por exemplo, da lei de Deus e da Igreja) está dentro, e o que está dentro, fora. Um exemplo: ante as trapaças na vida conjugal, a lei de Deus e da Igreja dizem: «Fora!», e alguns subjetivistas não fazem mais do que gritar freneticamente: «Dentro!».

Não caem na conta de que podem enganar-se, como o meu amigo tenista. Talvez valesse a pena que os partidários da consciência como único juiz da ordem moral dessem uma volta pelos campos de ténis ou, até melhor, que eles mesmos empunhassem uma raquete. Aposto seja o que for que mais de uma vez diriam «Fora!», naturalmente à bola do adversário, e aposto igualmente que, havendo espectadores e juiz, teriam que escutar uma multidão de vezes: «Não, amigo; a bola foi dentro».

Um jogo de tênis baseado unicamente na apreciação subjetiva dos jogadores poderia ser ocasião de revelar ou atingir uma grande maturidade e um alto ideal. No entanto, a realidade — triste por um lado, mas alegre por outro — nos diz que seria um jogo com muita trapaça. Trapaças cheias de boa vontade e autoconvicção sinceríssima, o que seria justamente o pior do assunto.

PSICOLOGIA INFANTIL E CONFISSÃO

Costuma-se ouvir dizer que a ciencia psicológica moderna desaconselha a Confissão das crianças porque se traumatizam. O Magistério da Igreja, porém, anima a fazê-lo. Estarão em choque a ciência psicológica moderna e o Magistério da Igreja?

Alguns, excessivamente assustadiços, inibem-se, e quem «paga o pato» são as crianças, que ficam sem confessar-se por causa daquilo do trauma. Os timoratos podem talvez estar interessados em conhecer o último grito em psicologia: a descoberta de Massachusetts.

A *descoberta*

Talvez seja uma descoberta terrível para aqueles que, apoiados na Psicologia e deixando de lado, ainda que momentaneamente, o Magistério da Igreja, adiam ou suprimem a Confissão das crianças.

Agora vêm-nos dizer — a ciência psicológica avança — que familiarizar as crianças com o confessionário, a partir dos cinco anos, é coisa muitíssimo boa. Esta mudança de mentalidade — verdadeiramente revolucionária — pode-se apoiar, embora não seja necessário, na descoberta de Massachusetts.

Consiste no seguinte: a partir dos cinco anos, as crianças ficam encantadas quando lhes falam baixinho. Os pesquisadores, com muitas palavras excelentes, descrevem a criança de cinco anos — se sintetizarmos para facilitar a compreensão — como um «traste». E a criança de cinco anos logicamente vive, dia após dia, entre gritos e broncas dos pais, parentes e vizinhos. A criança de cinco anos suspira por umas palavras em voz baixa. Se não as escuta — como, por exemplo, no confessionário —, talvez chegue a ser, no dia de amanhã, um neurótico notável.

Comprovei pessoalmente essa descoberta.

Aproximou-se de mim uma menininha de cinco anos. Não vinha, naturalmente, confessar-se, mas «falar». Primeiro chegou cautelosa, depois entabulou animada conversa. Não devia estar a par — porque evidentemente era uma menina moderna — daquelas antigas teorias sobre o confessionário como coisa terrível e traumatizante. Pelo visto, já pertencia à nova geração de Massachusetts. Deu-me a impressão de que até gostou da «casinha», e muito mais de que houvesse alguém dentro. E, sem dúvida, o que mais a entusiasma, agora que vem conversar amistosamente com frequência, é a grade que tem o confessionário.

E como deve sentir essa necessidade de que falam os psicólogos de Massachusetts, diz para a mãe: «Vamos confessar-nos». Verdadeiramente revolucionário.

Devem ter razão os psicólogos, porque, depois de conversar, a veem inclusive mais animada. À custa, isso sim, de traumatizar o sofrido sacristão, que, temeroso, a vê saltar e brincar. Não parece que venha a ser muito árdua a tarefa de prepará-la, quando chegar a hora, para a primeira Confissão.

É preciso atualizar-se

A criança de cinco anos, se for levada a uma igreja pela mãe, não sofrerá nenhum trauma. Pelo contrário. Irá recebendo uma educação na fé verdadeiramente viva: «Que coisas tão grandes deve haver aqui para que até a minha mãe me fale baixinho!», pensará espantada.

Postos a suprimir fatores traumáticos, que se suprimam os cabeleireiros, as clínicas dentárias ou até, se não estiverem atualizados, os consultórios psicológicos ..., Mas os confessionários! Se são quase a única tábua de salvação e de esperança para umas crianças que esperam anelantes umas palavras ditas baixinho! E o perdão de seus pecados, porque as crianças são pequenas, mas não são bobas.

As crianças estão morrendo de vontade de contar a alguém, que sobretudo não fale muito nem grite, as coisas emocionantes que lhes acontecem. «E então eu bati no Toninho, e o Toninho, que é um..., foi protestar chorando com o pai, e então eu, que naquela noite tinha sonhado...».

Não têm nenhuma dificuldade com a espécie e menos ainda com o número: «Bati no meu irmão, o menorzinho, na minha irmã e no Frederico. Desobedeci ao meu pai, à minha mãe, à avó, à titia...».

Nada. Não se traumatizam. E têm uma ideia bastante clara daquilo que está certo e daquilo que está errado.

E se não a têm, esclarecesse-lhes com carinho.

Ainda bem que agora, inclusive em Massachusetts, se deram conta de uma coisa que a Igreja Católica vem dizendo há vinte séculos, porque defende as crianças como Jesus Cristo.

Direção geral
Renata Ferlin Sugai

Direção editorial
Hugo Langone

Produção editorial
Juliana Amato
Gabriela Haeitmann
Ronaldo Vasconcelos
Roberto Martins

Capa
Provazi Design

Diagramação
Sérgio Ramalho

ESTE LIVRO ACABOU DE SE IMPRIMIR
A 28 DE JANEIRO DE 2024,
EM PAPEL OFFSET 90 g/m².